Impressum

© 2019 Ludger Schell
1. Auflage

© 2019 Umschlaggestaltung, Illustrationen, Satz und Layout:
Ute Nuhn

Bibliografische Information der Deutschen Nationalbibliothek
Die Deutsche Nationalbibliothek verzeichnet diese Publikation in
der deutschen Nationalbibliografie:
Detaillierte bibliografische Daten sind im Internet über
www.dnb.de abrufbar.

Herstellung und Verlag:
BoD - Books on Demand, Norderstedt

ISBN 9783750428782

DIE ZEIT
das größte Geschenk
unseres Lebens

LUDGER SCHELL

INHALT

Einleitung

Als ich anfing dieses Buch zu schreiben und sich die ersten Zeilen auf dem Computer befanden, teilte ich mein Vorhaben jedem der es hören oder nicht hören wollte, voller Begeisterung und Freude mit.

Die Sache mit dem Buch fanden die meisten schon ganz spannend, aber mein ausgewähltes Thema rief allgemeine Skepsis hervor.

„Wie, über die Zeit?"

„Und was schreibst Du da?"

„Wieso schreibst Du nicht über dieses oder jenes?"

Die Reaktionen waren meist recht ähnlich.

Um so mehr freue ich mich nun, liebe Leser, dass Sie dieses Buch in den Händen halten, neugierig und wissbegierig genug, um zu erfahren, warum und wie die Zeit unser täglicher Weg und Lebensbegleiter ist.

Ich möchte mit meinem Buch Impulse aktivieren, Sie einmal darüber nachdenken lassen, dass heute lange noch nicht morgen ist, aber morgen, heute schon gestern sein wird.

Vielleicht erreiche ich auch mehr als ein zustimmendes Nicken bei dem ein oder anderen Satz, der Szenen unseres Alltags widerspiegelt.

Arbeiten Sie mit dem Buch, holen Sie es immer wieder einmal hervor und schmökern Sie in den entsprechenden Kapiteln, wenn Ihnen danach ist. Dabei gibt es nicht wirklich eine chronologische Reihenfolge.

Lesen Sie einfach *n a c h   G e f ü h l* oder folgen den Kapiteln nach Ihrem persönlichen Interesse.

Ich wünsche Ihnen viel Spaß beim Lesen!

Das Alltägliche

Ich weiß nicht wo der heutige Tag wieder geblieben ist...
Dazu komm ich nun wirklich nicht mehr...
Das müßte unbedingt noch erledigt werden...
Wir sollten wieder mal etwas unternehmen...
Dafür ist´s heute aber schon zu spät...
Wenn etwas mehr Luft ist...
Zeit ist Geld...

Nun, diese Sätze sind uns nur allzu sehr in Fleisch und Blut über-
gegangen und sie aus unserem Wortschatz zu streichen erscheint
recht schwierig. Ihre tägliche Anwendung ist so zur Gewohnheit
geworden, dass wir uns über das rein inhaltlich Gesagte kaum
wirklich mehr Gedanken machen.

Nicht zuletzt dadurch, habe ich mir dies als Thema meines Buches
gewählt.
Jeder spricht darüber, es gehört neben dem Wetter und dem Geld zu
den drei Top-Themen der Konversation.
Doch was steckt tatsächlich hinter diesem Phänomen *Z e i t*, diesen
ach so magischen vier Buchstaben?

Es gibt etliche Dinge auf dieser Welt über die es geteilte Meinun-
gen, Ansichten und Auslegungen gibt. Aber kaum etwas ist klarer
strukturiert und einheitlicher zu verstehen als unsere Zeitrechnung.
Wir haben kalendarisch eine Aufteilung in Jahre, Tage und Stunden.
Aus - Basta!

Völlig leicht verständlich und das Allerwichtigste:
Für *j e d e n* Menschen gleich.

Leider ist genau das der Punkt, bei dem ich häufig auf Widerstand stoße.

Ja ja, Sie mögen schon recht haben, aber...

Nein Nein und nochmals Nein!!! Schluss damit! Es gibt kein Aber, die Zeit macht bei der Verteilung keine politischen, sozialen, finanziellen oder sonstige Unterschiede.

Dennoch glauben viele in punkto Zeit so arm wie die berühmten Kirchenmäuse zu sein.

Was uns dabei helfen kann wieder auf den Boden der Tatsachen zurück zu finden und uns gewisse Denkanstöße bietet, sind Zahlen schwarz auf weiß.

Die Auflistung die ich unten aufgeführt habe, könnte gegensätzlicher nicht sein. Zum einen Zahlen, die für uns fast unvorstellbar sind, zum anderen Zahlen, die uns ganz schnell die Kürze unseres Lebens bewusst machen.

Utopische und realistische Zahlen

230 Millionen Jahre, als die Dinosaurier unsere Erde bevölkerten

3,4 Millionen weiße und rote Blutkörperchen in unseren Adern

2,2 Milliarden KW Strom, die eine Großstadt wie Frankfurt pro Tag verbraucht

1,5 Millionen Liter Diesel, die ein Kreuzfahrtschiff auf einer Reise benötigt

Sind solche Zahlen für uns vorstellbar?
Wohl eher weniger.

Was allerdings vorstellbar ist, sind folgende, ernüchternde Zahlen unserer Zeitrechnung.
Sie sind realistisch und mögen für den ein oder anderen regelrecht erschreckend wirken. Diese Zahlen entsprechen keiner frisierten Wirtschaftsbilanz, sie sind reell, leicht verständlich und treffen auf uns alle zu.

Der Mensch lebt durchschnittlich 78 Jahre. Das sind ca. 28.470 Tage.

Sollten Sie als Leser dieses Buches mindestens das 23. Lebensjahr erreicht haben, verbleiben Ihnen noch ca. 20.000 Tage in Ihrem Leben.
20.000 Tage - eine Zahl die wir uns alle irgendwo leicht vorstellen können und die bei längerer Betrachtung auf einmal sehr sehr niedrig erscheint.

Geniessen Sie jeden einzelnen davon!

Man kann keine Zeit *G e w i n n e n* oder *R a u s s c h i n d e n*.
Die Zeit arbeitet ohne Tricks und doppelten Boden, sie ist **unbestechlich**.

Mein persönlicher Tip:

Denken wir daran, der Tag hat 24 Stunden, für uns alle!

Einen Augenblick noch bitte...

Wie oft haben wir diesen Satz schon gehört und uns dann nach längerer Wartezeit ärgerlich abgewandt und uns anderen Dingen zugetan.

Im für uns zunehmend mehr und mehr an Bedeutung gewinnendem Dienstleistungsbereich werden wir mit Sätzen wie *„Es ist sofort jemand bei Ihnen"*, *„Das ist in fünf Minuten erledigt"*, *„Ich bitte um einen Moment Geduld"* hingehalten, vertröstet und nicht zuletzt verärgert. Und genau dadurch wird das Gegenteil vom eigentlich Gewünschtem erreicht.

Dem kostbaren Gut *Z e i t*, gebührt eine möglichst genaue Angabe, welche die Dauer einer Sache betrifft.
Diese Angabe sollte weitestgehend auch eingehalten werden.
In einem Restaurant bezahlen Sie ja auch nur den in der Speisekarte ausgewiesenen Preis und nicht am Ende drei, vier, oder fünf Euro mehr.

Wenn wir uns angewöhnen, die Dauer von Dingen zu präzisieren, kann sich unser Gegenüber viel besser darauf einstellen und sich überlegen, ob er bereit ist, diese benötigte Zeit für eine bestimmte Sache jetzt und hier zu investieren.
Eventuell passt ja ein späterer Zeitpunkt besser.
Denn wir allein bestimmen, wann, für was, und wie lange wir unsere Zeit hergeben. Diese *M a c h t* - und dieses Wort benutze ich ganz bewußt - besitzt jeder einzelne von uns, wir machen nur viel zu selten Gebrauch davon.

Lesen Sie die letzten beiden Sätze noch einmal ganz langsam und denken eine Weile darüber nach!

Zurück zum Ausgangsthema.
Für die meisten Dinge die wir im
Leben tun wissen wir, wie lange
wir dafür benötigen.
Für die anderen Dinge, von denen
wir es nicht genau wissen, gilt es
einen möglichst realistischen Zeit-Wert zu benennen, bei dem unsere Mitmenschen klar aufgezeigt bekommen, wie lange sie für dieses oder jenes einkalkulieren müssen.

Vermeiden sollte man Begriffe wie *c i r k a* oder *e t w a*.
Verwenden Sie statt dessen *l ä n g s t e n s* oder *m a x i m a l*.
Auf diese Weise setzen Sie ein festes Limit.
Bei ungewisser oder variabler Dauer können Sie sich mit einem Zeitfenster behelfen wie zum Beispiel 4-6 Stunden oder 3-5 Tage.

Lassen Sie sich nicht verleiten die gemachten Angaben zu beschönigen. Etwas schnell zu versprechen und dann nicht einzuhalten führt erfahrungsgemäß immer zu Verärgerung.
Umsonst hinfahren, hinterhertelefonieren, Termine verschieben oder ähnliches, empfindet niemand als angenehm.
Hier ist Ehrlichkeit gefragt und über eine korrekte Zeitangabe, auf die man sich einstellen und auch verlassen kann (und der Bus dann kommt wie es der Fahrplan vorsieht), freut sich jeder von uns.

Mein persönlicher Tip:

Ehrlichkeit bei Zeitangaben schafft Freunde und Vertrauen!

Die Zeit, wo ist Sie geblieben?

In diesem Kapitel möchte ich Ihnen anhand von Zahlen, Tabellen und Daten einmal aufzeigen, was denn mit unserem wertvollsten aller Güter - *d e r Z e i t* - eigentlich geschieht. So banal wie es auch klingen mag, so einfach und unmißverständlich ist meine Antwort darauf - sie vergeht!

Diese philosophische Weisheit wird Sie vermutlich nicht gerade in Begeisterungsstürme ausbrechen lassen. Ein jeder wird von sich behaupten, dass er dies auch selber weiß. Doch weiß er das wirklich? Und weiß er auch wodurch sie vergeht?

Der Mensch pflegt vieles nach einer gewissen Zeit automatisch zu tun. Es herrscht in allen Lebensbereichen ein bestimmter Rhythmus, nach dem er handelt und sich im Laufe der Zeit auch eine gewisse Routine einschleicht. An all diesen Abläufen ändert sich in der Regel solange nichts, bis eine Situation eintritt, die uns völlig überrascht.

Oftmals sind diese Überraschungen negativer Herkunft und wir werden gezwungen umzudenken.

Doch warum immer warten bis das Kind in den Brunnen gefallen ist? Umdenken und Verhaltensänderung ist jederzeit möglich!

Alles was wir benötigen ist eine Art Hilfestellung.

Diese möchte ich Ihnen mit folgenden Zahlen geben.

Es ist ein Appell an Ihr Bewusstsein.

Ich möchte Ihnen klar machen, dass die Zeit niemals stehen bleibt, auch wenn die Batterie in der Uhr leer ist.

Die Zahlen der Zeit bedürfen keiner großen Erläuterung. Die Wirkung tritt bereits dadurch in Kraft, indem Sie es schwarz auf weiß vor sich haben. Eine besondere Intensität tritt durch eine ruhige und mehrmalige Verinnerlichung ein.

Wir haben ca. 78 Geburtstage.
Wie oft werden Sie noch feiern dürfen?
50 mal?, 40 mal?, 30 mal?

Man kann 1 Jahr in 2 Halbjahre, 4 Quartale oder auch 12 Monate unterteilen.
Haben Sie schon einmal Ihre Lebenserwartung halbiert, geviertelt oder zwölfgeteilt?

78 : 2 = 39 Jahre   78 : 4 = 19,5 Jahre   78 : 12 = 6,5 Jahre

Mit jedem Weckerklingeln am Morgen sind wieder 24 Stunden Ihres Lebens verstrichen.

Sie leben etwa 28.500 Tage.
Davon verschlafen Sie etwa 8.500.
Nutzen Sie die restlichen 20.000 Tage **zum Leben!**

Ich möchte ihnen jetzt von etwas Geheimnisvollem erzählen, von einer Liste. Diese ist sehr sehr groß. Sie wird laufend korrigiert und aktualisiert. Es kommen ununterbrochen neue Namen hinzu, andere werden gestrichen. Auch Ihr Name ist dort fein säuberlich notiert und hat seinen festen Platz.
Die Kontrolle über diese Liste wird ebenso von einer unsichtbaren Macht beherrscht und gesteuert.
Und irgendwann - keiner weiß wann genau - dann, wenn die Zeit gekommen ist, wird auch ihr Name von dieser Liste verschwinden.

Es ist bei weitem nicht meine Absicht Sie zu erschrecken.
Ich möchte Sie nur bewußt darauf hinweisen wie kurz doch unser
Gastspiel auf dieser Erde ist.

Womit verbringen wir sie eigentlich, unsere Zeit?

Dinge der Notwendigkeit

	Std./Woche	Std./Jahr	Tage/Leben
Schlafen	45,5	2366	7690
Essen	3,5	182	590
WC	1,5	78	253
Körperhygiene	3,5	182	590
Arbeit, inkl. Weg + Pause	50	2350	4000

Dinge, die die meisten tun/„Freizeit"

	Std./Woche	Std./Jahr	Tage/Leben
Fernsehen	10	520	1690
Hobbies, Sport	3	176	440
Lesen, Kulturelles	1,5	78	253

Mein persönlicher Tip:

**Erstellen Sie einmal Ihre ganz persönliche Statistik, womit
Sie Ihre Zeit verbringen!**

14

Auf den letzten Drücker

Sie heißen Michael, Paul, Kevin oder anderswie. Marie, Daniela oder Jessika. Jeder von uns hat jemanden in seinem Freundes- oder Kollegenkreis oder zählt vielleicht sogar sich selbst zu dem Typ Mensch, der nicht selten alles auf den *letzten Drücker* erledigt.

Einerseits mag ja eine gewisse Ruhe und Gelassenheit von Vorteil sein, doch dies zählt nur dann, wenn man als ‚Solokünstler' auftritt. Sobald andere Personen ins Spiel kommen, fährt man in der Regel als ‚Teamplayer' auf der besseren Spur.

Ich habe versucht herauszufinden, woher dieses Phänomen kommt. Die Eigenschaft, meine Mitmenschen und meine Umgebung eindringlich zu beobachten, hat (wie so häufig in diesem Buch), wieder einige Alltagsbeispiele für Sie bereit.

Sie sehen wie der Linienbus schon losfahren möchte und aus irgendeiner Himmelsrichtung legt jemand auf den letzten Metern einen Spurt hin, um den Bus noch zu erwischen.

Die Werbung ist vorbei und der Kinofilm läuft bereits. Wie in jeder Vorstellung gibt es immer noch welche, die jetzt erst durch die Reihen klettern um ihren Platz zu finden.

Am Roulette Tisch des Spielcasinos
hat der Croupier bereits „Nichts geht
mehr" ausgesprochen, jedoch
werden häufig noch im allerletzten
Moment Jetons gesetzt.

Die Bar möchte schließen
und es gibt fast überall Gäste die sich
‚rauskehren' lassen.

Ganz gleich ob zum Gottesdienst in der Kirche, Veranstaltungen
mit Vorträgen, Gruppenreisen, Sport und Spiel... - wer zu spät
oder auf den letzten Drücker kommt, gewinnt nicht gerade die
Sympathie der anderen. Für mich persönlich vollkommen verständlich, da ich es einfach ungerecht finde, wenn sich die Mehrheit
an Regeln hält, pünktlich ist aber auf einen einzelnen Rücksicht
nehmen soll.
Ein gewisser Störfaktor ist dadurch unvermeidlich.

Darum zitiere ich das alte Sprichwort:
„Fünf Minuten vor der Zeit, ist des Soldaten Pünktlichkeit"

Was ich bisher ansprach, betraf ausschliesslich die Unpünktlich-
keit.
‚Auf den letzten Drücker' werden aber auch häufig *D i n g e* erledigt.
Sie werden so lange hinausgezögert und aufgeschoben, bis quasi
die Galgenfrist eintritt. Meist sind es die unangenehmen Sachen
die man ‚vor sich herschiebt' .
Man fühlt sich dadurch möglicherweise kurzfristig von dem Übel
befreit, jedoch ist ein völliges Umgehen der Sache meist nicht rea-
lisierbar.

Etwas hinaus zu zögern bedeutet lediglich ein Aufschub, ändert allerdings nichts an der Tatsache, dass es irgendwann doch erledigt werden muß.

Unglückliche und nicht unbedeutende Nebenerscheinungen sind außerdem Stress, Ungenauigkeit, mögliche Mahngebühren, Fehler, aber auch schlechte Stimmung in der Beziehung oder in der Familie.

Umgehen Sie all das und versuchen Sie auch unangenehme Dinge schnell oder sogar als erstes zu erledigen und abzuhaken.
Es befreit und gibt zudem ein unheimlich gutes Gefühl, wenn man nicht noch irgendetwas ‚im Nacken' sitzen hat.

Mein persönlicher Tip:

Wichtiges zuerst, sonst wird das Wichtige ganz schnell zu Dringendem!

Das Ende der Fahnenstange

Wenn im Fernsehen oder Kino historische Filme auf dem Programm stehen, sind wir von den packenden Kämpfen gefesselt.
Wir bewundern prächtige Kostüme, unser Herz schlägt für die ‚Guten‘ oder wir trotzen den ‚Bösen‘.

Nun stelle ich mir die Frage, wie viel Bedeutung wurde wohl in den vergangenen Jahrhunderten dem Wort *Z e i t* zugeteilt? Auf welche Art und Weise wurde mit ihr umgegangen? Wie hoch war ihre Priorität im Gegensatz zu heute?

Eine Entfernung von 50 Kilometern, die gegenwärtig in etwa zwanzig Minuten von nahezu jedem Auto problemlos bewältigt wird, bedeutete einen mühsamen Tagesritt mit Pferd oder Kutsche. Auch eine warme Malzeit zu erlangen war mit wesentlich größeren Hürden verbunden als nur den Schalter des Elektroherdes oder der Mikrowelle zu betätigen.

Zurück ins 21. Jahrhundert. Mit der Technik von heute sind die Dinge des Alltags um ein vielfaches leichter, bequemer und schneller geworden. Doch wie es scheint, immer noch nicht schnell genug. Wir können im Kaufhaus bei ‚Mister Minit‘ zuschauen wenn in Minutenschnelle unsere Schuhe einen neuen Absatz bekommen. In der Kantine oder im Schnellrestaurant haben wir quasi im Vorbeigehen das Essen auf dem Teller. Unser Auto steht nach einer Inspektion oder Reparatur am selben Tag wieder an seinem gewohnten Platz in der Garage. Die Urlaubsbuchung wird per Internet erledigt.
Geräte und Maschinen erleichtern uns die Arbeit in Küche und beim Heimwerken. Die Liste könnte man beliebig fortsetzen.

Aber irgendwie geht es allen immer noch zu langsam.

Auf der einen Seite wird uns ein hohes Maß an Tempo auf allen Gebieten abverlangt, andererseits klagen wir über Stress, Oberflächlichkeit oder Fehlerquoten.

Wann ist es endlich erreicht, das Ende der Fahnenstange?

Ich finde es ist an der Zeit aufzuwachen und einmal über die Burn Outs, Herzinfarkte und Kurbesuche unserer Freunde oder Nachbarn nachzudenken.

Wohin hat uns denn diese ganze Automatisierung, der Flugverkehr, die Computerwelt, die PS-starken Fahrzeuge, die Kommunikationstechnik gebracht? Zum vielleicht bequemeren aber nicht gemütlicheren, gelasseneren, ruhigeren Leben. Höher schneller weiter, wer viel gibt dem wird noch mehr abverlangt. Alles hetzt, stöhnt und klagt, aber jeder macht mit.

Es liegt also an jedem von uns selbst, was wir so alles in unseren Tagesablauf ‚reinpacken‘.

Mein persönlicher Tip:

Weniger ist manchmal mehr!

DER NEUSTART

Was bringe ich mit einem Neustart
und dem Thema meines Buches - der Zeit -
in Zusammenhang?
Nun, es kommt dem Ausspruch
„die Uhr zurückdrehen" sehr nahe, was
natürlich nicht möglich ist.
Dennoch erleben wir so einen Reset
- wieder alles auf Null zu stellen -
recht häufig in unserem Leben.
Und das geschieht teilweise ganz bewusst,
manchmal bleibt es eher unbemerkt.

Wenn der Hobbygärtner im Frühjahr den Rasen vom Moosbewuchs
befreit, düngt und kurz darauf wieder eine frische, grüne und satte
Fläche zum Vorschein kommt, ist dies für mich auch eine Variante
des Neustarts. Obgleich dieser sich wohl eher im Hintergrund abspielt.

Anders verhält es sich bei planungsgebundenen Neustarts.
Wenn wir beispielsweise termingerecht ein Miet- oder Arbeitsver-
hältnis kündigen müssen, um eine andere Wohnung zu beziehen
oder einen neuen Job anzutreten, passiert das natürlich relativ
durchdacht.

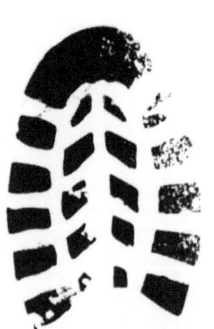

Ganz gleich von welcher Art wir sprechen,
eine Gemeinsamkeit gibt es:
Wir trennen uns von etwas Vergangenem,
Altem und meist auch negativ Behaftetem
und freuen uns auf einen Austausch.
Irgendwie hat es auch etwas von
‚aufräumen'. Wir gewinnen an Kraft, fühlen
uns gestärkt, motivierter und leichter.

Absolut gegensätzlich zu dem oben Geschriebenen ist der Ausspruch „Früher war alles besser". Doch stimmt das?

Meist sehen wir die Dinge so, wie wir sie sehen wollen!

Der bekannteste Termin eines Neustarts ist wohl die Silvesternacht. Unzähliges von dem man sich lösen möchte und im Gegenzug Verbesserungen, die man anstrebt. Zum einen ist - wie man aus der Erfahrung weiß - solch ein Reset zum Jahreswechsel sehr schnell zum Scheitern verurteilt, zum anderen müssen nicht zwingend 365 Tage vergehen, um sich Gedanken um Veränderungen zu machen. Wir haben jeden Tag die Gelegenheit dazu, Neues zu beginnen und Altes hinter uns zu lassen. Der gestrige Tag zählt heute schon zur Vergangenheit.

Mein persönlicher Tip:

Lassen Sie sich niemals entmutigen!
Einen neuen Anfang zu finden, ist jederzeit möglich!

LANG ODER KURZ

Ein kalter ungemütlicher Winterabend. Sie trägt den neu erworbenen Nagellack auf. Nach nur 5 Sekunden wilden Pustens glaubt sie, „das wird ja niemals trocknen."

Er erfreut sich an einer Partie Schach, die selbst weit nach Mitternacht noch immer nicht entschieden ist.

Für die einen ist ein 60-minütiges Vollbad ein Entspannungsritual, für die anderen die 3-minütige Dusche ein Mittel zum Zweck.

Der Angler sitzt mitunter stundenlang am See ohne auch nur einen einzigen Fisch am Haken gehabt zu haben.

Der Sportschütze kennt unmittelbar nach dem Schuss das Resultat.

Diese Beispiele zeigen, dass es nicht wirklich ein Lang oder ein Kurz gibt. **Alles dauert solange wie es dauert, oder es dauert solange wie ich möchte, dass es dauert.**

Das individuelle Zeitempfinden jedes einzelnen Menschen, lässt eine Minute - die ja für alle 60 Sekunden hat   völlig unterschiedlich erscheinen. Dabei sind Geduld oder Ungeduld Charaktereienschaften, die ihre Wurzeln zum einen in der Erziehung finden, zum anderen aber auch durch angesammelte Erfahrungen, Erlebnisse, Partnerschaft usw., geprägt werden.
Sicherlich ist im Laufe unseres Lebens eine Verhaltensänderung zum Zeitgefüge festzustellen.

Euphorie, der Drang möglichst viel zu erleben und zu sehen, die Welt zu erkunden. Das ist in jungen Jahren eher zu finden, weil Kraft, Neugier und Wissbegierde in uns stecken. Neues kennenlernen, Aufsaugen von Informationen, Input aus allen Richtungen streben danach, alles unter einen Hut zu bringen.

Mit zunehmendem Alter werden wir jedoch meist gelassener, weil die Lebenserfahrung, die die Zeit mit sich bringt uns lehrt, dass unser Tun seinen richtigen Zeitpunkt von ganz alleine erfährt. Wir betrachten vieles anders als wir es noch vor Jahren getan hätten. Lang oder kurz erhält dann einen ganz anderen Stellenwert.

Im letzten Abschnitt unseres Lebens - als älterer und nicht selten als gesundheitlich angeschlagener Mensch - gibt es noch einmal einen Wendepunkt. Im Extremfall sogar um 180 Grad.
Dann müssen wir lernen zu akzeptieren, dass uns so gut wie alles einfach langsamer von der Hand geht als früher. Der Umgang damit fällt uns nicht leicht, ist aber unaufhaltsam.

Mein persönlicher Tip:

Betrachten wir die Dauer eines Ereignisses nicht so verbissen genau. Lang oder kurz ist relativ!

ZEIT

Verlieren kann man seinen Schlüsselbund oder Geld an der Börse. Geduld geht auch bei so manchen Menschen verloren - aber kann man auch Zeit verlieren?
Gehen wir der Sache einmal auf den Grund.

Wenn von verlorener Zeit die Rede ist, beklagen wir einen Verlust der etwas mit Reue zu tun hat.
Es gibt mehrfach Wendepunkte in unserem Leben, die Veränderungen mit sich bringen. Bis diese Wende in Kraft tritt, vergeht oft eine ganze Weile. Das liegt daran, dass das eigentliche Erkennen des ‚Fehlers‘ oder ‚Störfaktors‘ uns nicht immer ganz leicht fällt.
Wir wollen oder können Dinge nicht so sehen, wie sie unser Umfeld vielleicht schon viel länger gesehen hat. Wir sind ‚betriebsblind‘ geworden. Auf diese Weise verstreicht oft mehr Zeit als uns lieb ist.
Diese Zeit wird in der Regel als *verlorene Zeit* tituliert.
Ist der Groschen dann einmal gefallen, geht alles ganz schnell.

Die Trennung vom Lebenspartner mit dem wir uns nicht mehr glücklich fühlen, die Aufgabe eines Hobbys, das uns keinen Spaß mehr macht, der Job, in dem wir uns nicht verwirklichen können.
Auf einmal wird vieles schlecht geredet, was in der Vergangenheit noch für uns in Ordnung war.
Tatsache jedoch ist, dass die Zeit so oder so vergangen wäre.
Sich zu ärgern über etwas, was wir sowieso nicht mehr ändern können, ist der falsche Weg.
Versuchen wir stattdessen aus der sogenannten *verlorenen Zeit* Schlüsse zu ziehen, die uns weiterbringen.

24

In den seltensten Fällen war nicht immer *alles* nur schlecht. Und die Lebenserfahrung die man gewinnt, stärkt den Charakter ungemein.

Es sind nicht immer die großen Zeiträume über Wochen, Monate oder Jahre, die wir als verloren bezeichnen. Auch wenige Minuten oder Stunden gehören dazu.

- Ein nichtssagendes Buch oder ein öder Film, den wir uns ansehen und im Anschluss darüber ärgern.
- Einen Weg den wir umsonst zurücklegen, weil wir etwas vergessen haben oder das Geschäft den gewünschten Artikel nicht mehr vorrätig hat.
- Wenn wir versuchen jemandem etwas beizubringen und wir dabei auf taube Ohren stoßen.
- Wenn wir Hausputz halten oder etwas in Ordnung bringen und kurz darauf wieder Schmutz und Durcheinander vorherrschen.

Akzeptieren wir einfach, dass nicht immer jeder Augenblick optimal genutzt werden kann oder wird.

Verlorene Zeit findet niemand für Sie wieder, aufholen kann man sie nicht und Ersatz bekommt man schon gar nicht dafür.

Jetzt kommt wieder eins meiner Sprichwort Zitate:
„Aus Fehlern lernt man"

Wenn wir das beherzigen und sich nicht die gleichen Fehler wiederholen, tun wir uns und unserer Seele etwas Gutes!

Mein persönlicher Tip:

Verlorene Zeit hilft uns in der Zukunft etwas zu verbessern.

Termine, Termine, Termine

Der Termin, laut Wikipedia lateinisch terminus - Grenzzeichen, ist ein festgelegter Zeitpunkt im allgemeinen Zeitablauf und wird durch ein Kalenderdatum und häufig auch die Uhrzeit festgelegt. Hört sich simpel an, ist es auch!

Beim Versuch mich zu erinnern, wann ich das erste mal mit dem Wort Termin in Berührung kam, fällt mir höchstens das Wort Zahnarzttermin ein. Das war in meiner Jugend und damals so ziemlich das einzige für mich, was zu einem festgelegten Zeitpunkt erledigt werden musste.

Alles andere geschah relativ spontan oder wie von selbst, weil einem das Gefühl oder die Gewohnheiten intuitiv sagten, wann und wie die Organisation des eigenen Lebens stattfand. Meiner Ansicht nach funktionierte dies nicht nur bei mir sondern bei den meisten Menschen ganz prima.
Mit dem Wort Termin brachte ich damals nur ganz bestimmte Gruppen von Menschen in Zusammenhang. Als erstes fällt mir da der Begriff des Managers ein. Oder noch die, die im Volksmund gerne als ,erfolgreich' betitelt werden. Unternehmer, Schauspieler oder Sänger vielleicht.
Ja, wenn diese Gruppe von Menschen Ihre Termine wahrnehmen mussten, dann passte dieses Bild für mich irgendwie zusammen.

Nun, wir schreiben das Jahr 2019 und inzwischen sieht es etwas anders aus.

Jeder Mensch, jeder einzelne von uns ist auf seine Weise wichtig, unbestritten! Doch so mancher glaubt von sich, er wäre besonders wichtig. Und volle Terminkalender, die Jagd von einem Termin zum nächsten, bestärken diese Menschen in ihrem Glauben. Auch neigen diese Menschen gerne dazu, ihrem Gegenüber mitzuteilen wie sehr sie doch im Stress sind und unter Druck stehen. Für mich bedeutet ein solches Verhalten lediglich den verstärkten Drang nach Aufmerksamkeit und Anerkennung.

Dabei unterscheide ich sehr wohl die Art der Termine. Die, die wichtig und notwendig sind aber auch die, die ersetzbar, variabel und in die Kategorie *S h o w* fallen.

Hochzeits- oder auch Scheidungstermine, wichtige Kunden und Geschäftspartner, ein Flug oder eine Schiffsreise, das und etliches andere sind Dinge, die für mich ihre Bezeichnung als Termin zu Recht erhalten.

Doch wozu benötigen Dinge, die man nach Lust, Laune und ohne Zwang entscheiden kann, Termine? Sonnenbank, Fingernagelstudio, Kino, Essengehen...

Viele Dinge, insbesondere im Freizeitbereich, werden terminiert. Doch müssen sie das wirklich?

Freizeit, das Wort setzt sich aus *f r e i e   Z e i t* zusammen.

Ein Reduzieren der Termine in Ihrer Freizeit schafft wieder mehr Freiraum für Spontanität. Für Vieles findet sich der passende Zeitpunkt von ganz alleine.

Mein persönlicher Tip:

Die Faszination der Farbenpracht eines Regenbogens muss man dann genießen, wenn er erscheint.

DAS EXPERIMENT

Alle Experimente haben Folgendes gemeinsam: Sie sind spannend, beinhalten einen Hauch von Risiko und gelten als geglückt bzw. mißglückt wenn sie entweder zum erwarteten Ergebnis führen oder aber vollkommen davon abweichen.
Das Ziel eines jeden Experimentes sollte es sein, Schlussfolgerungen zu ziehen, etwas zu lernen und nach Möglichkeit für sich selbst einen Nutzen zu übertragen.

Ich möchte mit Ihnen auch ein Experiment durchführen vor dem Sie weder Angst noch ein Mißglücken fürchten müssen. Hier geht es nicht um ein Richtig oder Falsch. Es dient ausschließlich Ihrer Selbsterfahrung und Sie können es auch mit Ihrem Partner oder der ganzen Familie durchführen. Individuell entscheidet jeder selbst wie sich sein Zeitempfinden darstellt.

Es mag zunächst durchaus einfach und recht simpel klingen. Sie werden recht bald feststellen, wie neue Impulse entstehen, wie Sie sich völlig verschätzen oder auch absolut präzise Angaben machen können.

Das Experiment bekommt von mir den Namen **Zeitlos** und die Selbstanalyse am Ende wird Ihnen sicherlich neue Erkenntnisse und Erfahrungen mit auf den Weg geben.

Ich wünsche viel Spaß dabei!

‚Zeitlos' ist wie bereits erwähnt im Grunde eine recht einfache Geschichte. Suchen Sie sich einen x-beliebigen Wochentag aus, an dem Sie das Experiment durchführen möchten. Die Vorbereitungen dafür beginnen am Abend zuvor.

Zuerst entfernen Sie **alle** Uhren aus Ihrem Umfeld. Das heißt Radiowecker, Wanduhren in allen Räumlichkeiten, Uhren auf Displays wie Herd, Kaffeeautomat, Musikanlage, Autoradio, Handy. Vielleicht auch mit einem Klebeband abkleben. Legen Sie ebenfalls Ihre Armbanduhr ab. Versuchen Sie öffentliche Plätze von denen Sie wissen dass sich dort Uhren befinden mit Ihren Blicken zu meiden. Verzichten Sie mal 24 Stunden auf Radio und Fernseher. So, das war´s auch schon. Und nun: „Leben Sie einfach Ihren Tag"!

Ich sagte ja es ist recht simpel. Und wahrscheinlich doch sooo anders.

Um das Experiment zu dokumentieren habe ich abschließend eine Frageliste erstellt.

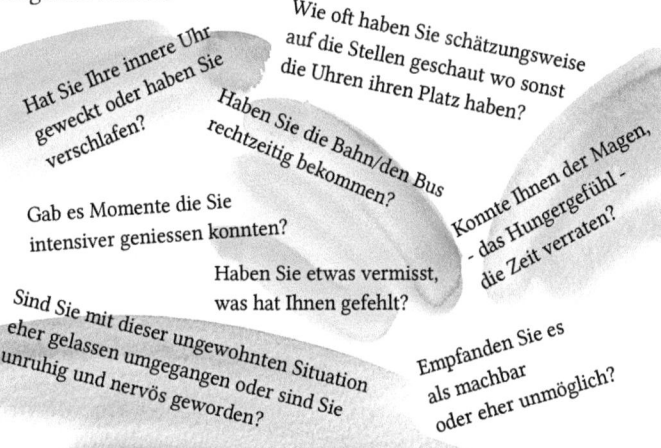

Hat Sie Ihre innere Uhr geweckt oder haben Sie verschlafen?

Wie oft haben Sie schätzungsweise auf die Stellen geschaut wo sonst die Uhren ihren Platz haben?

Haben Sie die Bahn/den Bus rechtzeitig bekommen?

Gab es Momente die Sie intensiver geniessen konnten?

Konnte Ihnen der Magen, - das Hungergefühl - die Zeit verraten?

Haben Sie etwas vermisst, was hat Ihnen gefehlt?

Sind Sie mit dieser ungewohnten Situation eher gelassen umgegangen oder sind Sie unruhig und nervös geworden?

Empfanden Sie es als machbar oder eher unmöglich?

Haben Sie geschummelt?

Es gibt hierfür keine Auswertung, kein Punktesystem, kein Gut oder Schlecht. Analysieren Sie Ihre Antworten selbst, überdenken Sie Ihre Gewohnheiten. Vielleicht werden Sie in Zukunft Dinge verändern, vielleicht bleibt auch alles beim Alten.

Zeitlos zu sein kann Vorteile schenken, Schwierigkeiten mit sich bringen, unmöglich erscheinen, witzig sein, extrem wahrnehmen lassen.

Anmerkung: Ich selbst besitze seit Jahrzehnten keine Armbanduhr und bei uns im Haus hängt lediglich eine Küchenuhr.

Mein persönlicher Tip:

Bei Gefallen wiederholen Sie das Experiment ruhig gelegentlich noch einmal!

DIE VIER JAHRESZEITEN

Mit den vier Jahreszeiten sind wir alle bestens vertraut.

Der Frühling mit seiner beginnenden Wiederbelebung der Natur, unsere Körper sind aufgeladen mit frischer Energie, man könnte bekanntlich Bäume ausreißen.

Der Sommer bringt mit seinen langen Tagen unseren Tatendrang zu Höchstleistungen. Feste jeder Art, Urlaub und Ausflüge, Biergarten und Renovierungspower, man könnte sich klonen um überall mitzumischen.

Der Herbst ist irgendwie so ein ‚Zwischending‘. Deshalb wurde für diese Jahreszeit wohl eigens die sogenannte ‚Übergangsjacke‘ erfunden (lach). Man hofft darauf, dass es noch nicht so schnell kalt wird und die fiesen, nassen und stürmischen Tage noch etwas ausbleiben.

Der Winter ist die einzige Jahreszeit die uns einen Teil im alten und einen Teil im neuen Jahr begleitet. Schwerpunkt ist alles rund um das Weihnachtsfest und die Frage ob und wieviel Schnee es wohl geben wird.

Es gibt eine kleine Geschichte über die Erdmännchen, die wohlbehütet und geschützt im warmen Inneren der Erde leben. Sie hören Gerüchte, wie schön es doch an der Erdoberfläche sei. Es ist gerade Dezember als sie einen Kundschafter nach dort oben schicken. Es herrscht ein bitterkalter Schneesturm und das Erdmännchen kehrt schnell zurück und berichtet nichts Gutes. Es vergeht eine Weile und die Erdmännchen wagen einen zweiten Versuch. Es ist Sommer und warm, die Erdoberfläche zeigt sich von der besten Seite. Die unterschiedlichen Aussagen verwirren die Erdmännchen und um Gewissheit zu bekommen, schicken sie weitere Botschafter nach oben.

Einmal ist gerade Frühling, das andere mal gerade Herbst.

Da nun alle völlig unterschiedliche Eindrücke schildern, sind die Erdmännchen vollkommen irritiert und bleiben lieber da wo sie sind und sich sicher fühlen.

Jede unserer Jahreszeiten findet Freunde und Anhänger, aber auch Verfechter und Gegner.

Eine allgemeinere und gröbere Aufteilung besteht eigentlich nur aus zwei Zeiten. Der warmen und der kalten Jahreszeit. Schwer zu sagen, wie das Verhältnis zueinander besteht, doch meiner Schätzung nach, befürwortet die Mehrheit die warme Jahreszeit.

Wir können es uns nicht aussuchen, denn die Natur hat nun mal einen Rhythmus und natürlichen Wechsel vorherbestimmt.

Lassen Sie sich nicht entmutigen wenn in der dunklen Jahreszeit nicht immer alles so perfekt abläuft.

Überall gibt es ein Hoch und ein Tief. Manchmal läuft alles wie am Schnürchen, andermal will so gar nichts gelingen.

Sicherlich spiegelt das Wetter einer Jahreszeit so manches Mal unser Gefühlsempfinden wieder. Jedoch sollte man auch da nicht immer ,mit dem Strom' schwimmen und nur weil es regnet und sich alle beklagen, man der Meinung ist, es könnte ja nicht schaden mal mit zu jammern.

Mein persönlicher Tip:

Suchen Sie sich die schönsten Momente jeder Jahreszeit heraus. Denn wenn alle vier wieder einmal nacheinander ,abgespult' sind, ist auch ein weiteres Jahr unserer kostbaren Lebenszeit vorüber.

LANGEWEILE

Langeweile, ein Begriff bei dessen genauer Definition ich mich ehrlich gesagt etwas schwer tue. Vielleicht auch nicht zuletzt dadurch weil ich persönlich sehr selten Langeweile empfinde.

Wollen wir doch einmal herausfinden welche Gemeinsamkeiten auftreten, wenn wir etwas/jemanden langweilig finden oder eine Situation auftritt, in der wir Langeweile verspüren.

Bei einem anderen Menschen können wir langweilig finden:
- Sein Verhalten
- Seine Lebensweise
- Seinen Sprachgebrauch
- Seine (nicht vorhandene) Ausstrahlung

Dinge die wir langweilig finden können sind:
- Bestimmte Sportarten
- Musik oder Theaterstücke
- Hobbys
- Berufe
- Einrichtungs- oder Kleidungsstile

Situationen in der wir Langeweile empfinden können sind:
- Längere Reisestrecken/An- und Abfahrten, Stau
- Schlange stehen
- Neue/veränderte Lebensumstände (Rente, Arbeitslosigkeit, Krankheit, sogar Urlaub)
- Warten auf ein bestimmtes Ereignis

Wir stellen fest, dass kaum etwas unbedingt auf jemand anderen übertragbar ist. Das Empfinden jedes einzelnen ist so individuell wie der Mensch an sich.

Was für den einen wohlverdiente Ruhe bedeutet, als Entspannung dient, Spaß und Freude bereitet, kann für andere schon mit Langeweile assoziiert werden. Manche sehnen sich regelrecht einmal Langeweile herbei, was für den nächsten schon fast zum depressiven Zustand werden kann.

Wenn sich etwas zu häufig wiederholt und keinerlei frische Impulse erkennbar sind, kommt das Gefühl der Langeweile auf.
Genauso wenn etwas von unserem persönlichem Geschmack abweicht und wir nicht offen dafür sind, etwas Neues auszuprobieren.

Doch wann auch immer sich jemand in einer Situation befindet, in der er Langeweile verspürt, die Zeit zieht sich wie ein Kaugummi. Man sollte sich nicht zu lange mit etwas beschäftigen das einem keinen Spaß bereitet, wo das Talent oder Wissen dazu fehlt.
Andererseits hat alles eine Chance verdient und verfrühtes Aufgeben wäre genauso unklug.

Wir können es drehen und wenden wie wir wollen. Der richtige Umgang damit um die goldene Mitte zu finden ist oftmals die Schwierigkeit und zugleich die Lösung.

Für ungewollte Langeweile legen Sie sich Alternativen zurecht, bereiten Sie einen Plan B oder C vor.
Nutzen Sie unvorhergesehene Wartezeiten sinnvoll und vorhersehbare erst recht. Dann verliert Langeweile wesentlich an seiner Bedeutung.

Man könnte also zu der Schlussfolgerung kommen, dass Langeweile sowohl Positives als auch Negatives bewirken kann.

Mit der persönlich auf uns abgestimmten Dosis sollten wir es
schaffen, das meiste dieser ‚nutzlosen' Zeit entweder zu akzeptieren oder eben gezielt einzusetzen.

Mein persönlicher Tip:

**Sollten Sie wirklich einmal Langeweile verspüren ist das
keine Schande!**

**Als offener, vielseitig interessierter und wissbegieriger Mensch
dürfte diese Situation aber eher selten der Fall sein.**

DIE ALIBIFUNKTION

Einen Teil meines Berufslebens verbrachte ich als Fachberater im Außendienst - im Volksmund auch gerne als Vertreter betitelt.
Wer sich schon einmal etwas näher mit dieser Berufssparte befasst hat, der kennt die schwierige Hürde, den berühmten Fuß in die Tür zu bekommen.
Man wird auf hochinteressanten Seminaren und speziell ausgerichteten Verkaufsschulungen vorbereitet, auf die sich immer und immer wiederkehrende Floskel „Ich habe jetzt keine Zeit" entsprechend diplomatisch zu reagieren.

Diese ablehnende Haltung mit dem Alibi *„Ich habe jetzt keine Zeit"* kennen sicherlich nicht nur die Außendienstmitarbeiter. Sie spiegelt sich auch oft im Alltag wieder.

Die Einladung einer Person der wir unsere Sympathie nicht sonderlich entgegenbringen, Pflichtübungen wie Hausarbeit, Zahnarztbesuche, Papierkram erledigen oder ähnliches, für Dinge dieser Art greifen wir doch nur zu gern auf das Allround-Alibi *K e i n e Z e i t* zurück.

Achtung! Im Krimi werden Alibis von der Polizei überprüft. Nun schlüpfen Sie doch einmal in die Rolle des Kommissars und überprüfen ihr eigenes Alibi. Ist es wasserdicht oder eher zweifelhaft?

Warum ist die Hemmschwelle so groß, ehrlich zu sein und zu sagen: *„Ich möchte...jetzt nicht"*?
Ich möchte die mir zur Verfügung stehende Zeit anderen Dingen widmen.

DINGE

..., die in eine völlig andere Richtung gehen.

..., die mir größere Freude bereiten.

..., die mich persönlich interessieren.

..., die mich innerlich bereichern.

..., die mir einen finanziellen Vorteil verschaffen.

..., die ich schon immer tun wollte.

..., von denen ich bis jetzt glaubte ich habe keine Zeit dafür.

Das Alibi *Keine Zeit* wird von uns Menschen so gerne verwendet weil wir glauben unser Gegenüber kennt diese Situation und wird dafür Verständnis aufbringen. Jeder von uns fühlt sich in irgendeiner Form unter Druck und genießt es nahezu dem anderen mitzuteilen, dass er wieder mal nicht rum kommt, nicht weiß wo er zuerst anfangen soll. Staunende Gesichter finde ich immer wieder dann vor, wenn ich jemandem sage: *„Macht nichts, ich habe Zeit".*

Mein persönlicher Tip:

Benutzen Sie ein Alibi nur im Fall der Verdächtigung!

Zeitmanagement

Auf dem Markt gibt es eine Fülle von Büchern zum Thema **Zeitmanagement**.

Diese geben uns sicherlich wertvolle Tipps um die Aufgaben des Alltags durch sinnvolles Planen möglichst rationell abzuwickeln. Doch betrachten wir das Ganze doch einmal etwas genauer.

Was passiert denn, wenn wir uns hier und da ein paar Minuten abknapsen oder wie man uns suggeriert ‚einsparen'? Glauben Sie denn wirklich, dass - wie es so schön heisst - Zeit gewonnen oder gespart werden kann?

Ein Trugschluss wie kein zweiter!!!

Keine Lotterie wird Ihnen als Gewinnausschüttung *Z e i t* zukommen lassen.
Keine Bank dieser Welt stellt Ihnen ein Konto zur Verfügung wo man seine Zeit ‚spart'. Die Abrechnung erfolgt am Ende eines jeden Tages. Kein Überschuss des vergangenen Tages wird Ihnen verbleiben. Sie werden keine übertragbare Gutschrift erhalten. Am Anfang des neuen Tages beginnt alles von vorn. Der Kontostand ist wieder bei Null angelangt, dessen sollten wir uns bewußt werden. Nur Sie alleine entscheiden ob Sie sich ein paar Minuten oder Stunden für dieses oder jenes gegönnt haben.

Deshalb finde ich, wird dem Thema Zeitmanagement ein wenig zu viel Aufmerksamkeit geschenkt. Man kann die Sache etwas vereinfachen indem man genau weiss, wofür man wie viel Zeit ‚reinsteckt'. Ähnlich einem Ausgabenbuch in dem jeder Euro mit der entsprechenden Verwendung verbucht wird.

Hierzu finden Sie in Kapitel 3 - **Die Zeit, wo ist sie geblieben** - einige Anregungen.

Nur dann, wenn wir erkennen, dass unser Kontingent immer auf 24 Stunden pro Tag festgesetzt ist und womit wir diese 24 Stunden verbringen, können wir Aktivitäten umswitchen, manches verkürzen, ganz weglassen oder ersetzen.

Mein persönlicher Tip:

Zeitmanagement ist gar nicht so schwer.
Man sollte nur immer möglichst realistisch bleiben!

DIE STOPPUHR

Erinnern Sie sich noch an jenes kleine Utensil welches zu unserer Jugend- und Schulzeit den Hals unserer Sportlehrer schmückte? Die Stoppuhr!

Ein beinahe magisches Instrument (zumindest damals) mit dessen Hilfe man exakt den ein oder anderen neuen Rekordhalter küren durfte.

Wer
taucht im Schwimmbad am längsten?
knutscht beim Flaschendrehen am ausdauerndsten?
holt sich den Rülps-Pokal?

Solche oder ähnliche Dinge sind Erlebnisse unserer Jugend, heute belächelt, doch für die meisten von uns unvergessen.

Die Stoppuhr - die Faszination durch das Messen von Minuten und Sekunden den wahren Champion, den Könner, den Besten zu ermitteln.

Inzwischen haben in der Welt des Sports andere High-Tech-Geräte die Stoppuhr ersetzt. Mit Hilfe von Lichtschranken werden den Athleten und Piloten - nur noch getrennt durch Zehntel-, Hundertstel- oder Tausendstelsekunden ihre Plätze auf dem Siegerpodest zugewiesen.

Nicht mehr der Schnellste gewinnt, sondern der, der *n o c h* einen Hauch schneller war. Er wird derjenige sein, der sich von der Masse abhebt und das Unerreichbare möglich gemacht hat. Und diese Jagd nach immer neuen Rekorden wird wohl niemals enden.

Doch zurück zur Stoppuhr. Symbolisch gesehen behaupte ich, hängen wir sie uns gleich nach dem Aufstehen um und legen sie erst wieder ab, wenn wir schlafen gehen.

*„**Beeil Dich**, ich muß auch noch ins Bad"*

*„**Trödel nicht** so mit dem Frühstück, der Schulbus kommt gleich"*

*„Mensch fahr **doch endlich**, grüner wird die Ampel nicht"*

*„Und wie immer nur eine Kasse auf, meine Mittagspause ist **gleich vorbei**"*

*„**Mach schneller** sonst kommst Du zu spät zum Gitarrenunterricht"*

*„Heute gibt's nur Fertigpizza sonst **schaff ich´s nicht** zum Friseur"*

*„Wir beginnen **sofort** mit Punkt eins der Tagesordnung, das Programm ist **straff**"*

*„**Mach Dich ab** ins Bett, morgen geht's wieder **bald** raus"*

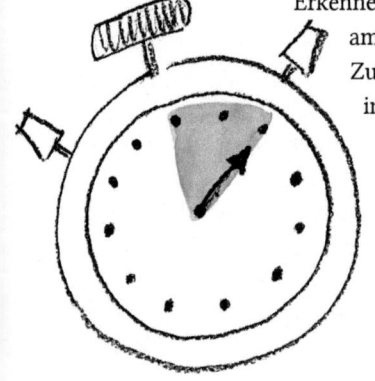

Man könnte Seiten füllen mit solchen Aussagen. Erkennen Sie, wie oft wir im Alltag den Finger am Knopf unserer Stoppuhr haben? Zugegeben, es geschieht unbewußt und in den seltensten Fällen wird tatsächlich die Zeit ‚genommen'. Dennoch vollbringen wir mit oder auch ohne Ansporn Höchstleistungen. Gejagt von einem Ereignis zum nächsten.

Jedoch ist der Dank keinesfalls das Siegerpodest oder gar eine Siegesprämie weit gefehlt!
Allenfalls das abendliche Zusammensacken auf der Couch, kleine Wehwehchen die im schlimmsten Fall zu ernsthaften Krankheiten ausarten können sind der Lohn dieser ‚Hetzkampagne'.

„Ich glaub' ich muß mal einen Gang zurückschalten".

Wenn Sie diesen Satz kennen, dann zählen Sie zu den Menschen, die meine Darstellung nicht für übertrieben halten. Es muß ja nicht immer gleich ein Herzinfarkt sein. Aber ein kleiner körperlicher Dämpfer, ein Rückschlag in irgendeiner Form geht meist diesem Satz voraus.

Mein persönlicher Tip:

Legen Sie die Stoppuhr öfter mal zur Seite.
Man muß nicht immer auf dem Siegertreppchen stehen!

Alles Eine Sache der Einstellung

Wenn Sie die bisherigen Kapitel aufmerksam gelesen haben, konnte ich Ihnen möglicherweise *e i n e* Sache etwas näher bringen:
Zeit kann man weder haben - noch kann man sie nicht haben.
Zeit ist da! Sie versteckt sich nicht. Niemand kann sie uns stehlen und sie kann weder eingespart noch vergeudet werden.

Oftmals wünschen wir uns, gewisse Dinge beschleunigen zu können weil wir fälschlicherweise der Meinung sind, sie würden uns wertvolle Zeit rauben. Doch dies geschieht immer nur dann, wenn wir unter Stress stehen, uns unter Druck setzen lassen oder unvorhergesehene Dinge eintreten. Das Resultat ist in den meisten Fällen fehlerhaft, unbefriedigend oder gar schlecht. Im Alltag finden wir genügend Beispiele, für die wir bereit sind eine gewisse Zeit einzuplanen und die bei uns ohne wenn und aber ihre Akzeptanz finden.

Ein fünf Minuten Ei braucht fünf Minuten, Punkt!
Ein zweieinhalb Stunden Flug dauert zweieinhalb Stunden, Punkt!
Ein Fußballspiel benötigt zwei mal 45 Minuten, Punkt!
Eine Stunde Mittagspause ist eine Stunde Mittagspause, Punkt!

Dinge die uns zur Routine geworden sind oder von denen wir genau wissen wieviel Zeit sie in Anspruch nehmen, bekommen von uns viel leichter die bemessene Zeit zugeteilt als die Dinge, von denen wir seltener Gebrauch machen oder mit denen wir unerwartet konfrontiert werden.

An dieser Stelle müssen wir unserem Gehirn klar machen, dass es auf Zeichen wie unerwartet, abweichend, störend, unangenehm usw. flexibler reagiert. Es liegt an uns, unsere innere Einstellung entsprechend der Situation anzupassen. Und mit genau dieser situativ angepassten positiven Einstellung lebt es sich wesentlich leichter als mit Schimpfworten, Flüchen, Schuldzuweisungen oder Sonstigem. Probieren Sie es aus!

Persönlich kalkuliere ich - sofern es machbar ist – deshalb sogenannte ‚Zeitreserven‘ ein. Dadurch gibt es bei Verzögerungen oder Verspätungen weniger Ärgernis. Zu knapp bemessene Termine bringen uns nur in Unruhe.

Mein persönlicher Tip:

Nehmen Sie nicht immer alles zu wichtig.
Vieles lässt sich etwas später genau so gut erledigen!

DIE ZEIT UND IHRE GERÄUSCHE

Die Wahrnehmung besitzt wohl ein jeder von uns, doch wie genau haben Sie dieses schon einmal analysiert?

Ich spreche von Orten, Umgebungen, und im Zusammenhang damit, mit den dazugehörigen Geräuschen zu unterschiedlichen Zeiten. Klingt vielleicht gerade etwas verworren aber Sie werden gleich feststellen was ich damit meine.

Wir alle verbinden gewisse Zeiten mit bestimmten Geräuschen.

In den Sommermonaten das Vogelgezwitscher im Morgengrauen.

Der Geräuschpegel einer viel befahrenen Straße lässt uns wissen, ob der Berufsverkehr gerade einsetzt oder endet, oder ob wir uns im Tag- oder Nacht-Modus befinden.

Wenn auf dem Wochenmarkt die Händler besonders energisch und laut ihre Waren feilbieten, dann wissen wir, die letzte Stunde des Verkaufs ist angebrochen.

Auf einer Baustelle verstummt der Hammer und die Bohrgeräusche setzen aus, es ist Mittagspause!

Unser Gehör ist daran gewöhnt - oder auch trainiert - dass es uns mitteilt, welche Zeit gerade ist. Besonders interessant und spannend finde ich es gerade dann, wenn derselbe Ort einmal zu einem anderen Zeitpunkt, zu einer völlig ungewöhnlichen oder untypischen Zeit aufgesucht wird. Gegensätzlicher kann eine Atmosphäre kaum sein.

Der Wald zeigt uns an einem ruhigen Tag, wo man das Knacken eines einzelnen Astes wahrnimmt, ein absolut konträres Gesicht als wenn man bei Sturm und Regenprasseln einen Ausflug wagt.

Die Geräusche in einer Messehalle während der Öffnungszeiten lassen sich wohl kaum mit denen vergleichen, wenn ein Security-Mitarbeiter nachts seine Runden dreht und die Stände bewacht.

Die Skihänge im Februar mit den Geräuschen von Pistenraupen, begeisterten Sportlern und lautstarken Apres-Ski-Partys haben mit denselben Bergen in den Sommermonaten, wo dort entspannt gewandert wird, wenig gemeinsam. Man genießt die Ruhe und nimmt sich Zeit für die Natur.

Im Prinzip besitzt jeder Ort diese zwei Gesichter. Doch meist kennen wir nur eins davon weil es eben üblich ist, sich aus verschiedenen Beweggründen nur zu bestimmten Zeiten dort aufzuhalten. Tun Sie mal wieder etwas Verrücktes, etwas Neues.
Wecken Sie das Kind in sich und lernen Sie die zweite Seite der Orte kennen. Es gibt viel zu entdecken!

Mein persönlicher Tip:

Schweifen Sie doch mal von den üblichen Gewohnheiten ab!

GEHEN SIE RUHIG VOR

Einer der Favoriten für die Recherchen meines Buches ist der Einkauf in Supermärkten.

Dutzende Male konnte ich dabei feststellen, wie sehr sich die Reaktionen und das Verhalten der Menschen gleichen.

Der künstlich herbeigeführte ‚Stress‘ (ein inzwischen mit Vorliebe benutztes Modewort) wird durch eine solch banale Sache wie dem Einkauf des täglichen Bedarfs ausgelöst. Es ist für mich schon eine Art Hobby geworden zu beobachten, Experimente durchzuführen, zu provozieren und dabei fast schon wissenschaftlich das Thema Zeit zu betrachten.

Dem Grunde nach ist der Einkauf von Lebensmitteln für uns alle nicht viel mehr als ein notwendiges Übel. Es als verlorene Zeit zu sehen wäre falsch. Denn um zu überleben gehört nun mal die Nahrungsaufnahme und die damit verbundene Beschaffung einer solchen dazu. Befreien Sie sich vom auferlegten Druck und sehen Sie alles etwas entspannter, es hilft!

Es wird gejoggt, mit Stöcken gewalkt, im Fitness Studio geschwitzt, doch es gibt eine Gruppe, die möchte keinen Schritt zu weit gehen. Das sind die, die am liebsten mit dem Auto im Laden parken würden.

Wir bleiben auf dem Parkplatz. Da gibt es ganz besondere Spezialisten, die blockieren immer gleich zwei Parkplätze und stehen mit dem halben Auto auf der Linie des nächsten. Noch einmal vor- und zurückzufahren kostet ja sooo viel Zeit. (Blanker Egoismus).

Folgende Spezies geht aus Gründen der Zeitersparnis entweder ‚oldschool‘ mit dem Einkaufszettel oder neuerdings mit der Liste auf dem Handy durch die Gänge. Dies soll zu organisiertem und zeitsparendem Einkauf verhelfen.

Die ‚gewonnene' Zeit wird dann bei den Aktionsartikeln wieder doppelt und dreifach investiert.

Verdutzte Reaktionen erntet man, wenn man sagt: *„Gehen Sie ruhig vor, ich habe Zeit".* Vor allem dann, wenn man gar nicht darum gebeten wird vorgelassen zu werden.

Ach ja, die Gruppe derer, die fast schon voraussetzen dass man Sie vorlässt, nur weil sie eben nicht mehr als ein oder zwei Artikel kaufen.
Die, die sich auf der Autobahn im Stau als Fahrspurhüpfer groß tun, kennen wir auch beim Öffnen von weiteren Kassen. (Da geht's ja sooo viel schneller).
Zuletzt möchte ich noch die erwähnen, die einem körperlich so nahe kommen, dass man ihren Atem im eigenen Nacken spürt, gefolgt von den ‚Einkaufswagen-in-die-Hacken-Schiebern'. Das sind für mich die, die entweder kurz vor einer Entbindung stehen oder als Notarzt gleich einen Einsatz fahren müssen.

Achten Sie doch beim nächsten Einkauf einmal auf solche Kleinigkeiten. Niemand ist perfekt und in irgendeiner solchen ‚Gruppe' findet sich wahrscheinlich jeder von uns wieder. Wer glaubt mit Hetzen, Drängeln oder Missmut seinen Einkauf gestalten zu müssen, der kann das gerne weiterhin tun.
Aber für ein gesundes Miteinander wünsche ich mir persönlich etwas mehr Coolness und Toleranz.

Mein persönlicher Tip:

Gehen Sie zum nächsten Einkauf mit einem großen Lächeln. Wenn Sie es schaffen dieses Lächeln beim Verlassen des Geschäftes immer noch zu haben, ist der erste Schritt getan!

ICH HABE KEINE ZEIT

Wie schon im Kapitel 1 - **Das Alltägliche** - beschrieben, kann man Zeit nicht ‚haben'. Sie ist da, für jeden von uns. Und das beste daran ist - entgegen der Meinung vieler - völlig kostenlos. Und gerade das macht sie so wertvoll.

Im Folgenden einige Beispiele dafür, dass es sobald es sich um etwas handelt, das wir als negativ empfinden, wir keine Zeit haben (richtiger wäre: nicht wollen).

Sicherlich haben wir alle schon einmal eine Handwerkerrechnung, die Überweisung fürs Telefon oder die Fernsehgebühren auf unserem Schreibtisch liegen gehabt und keine Zeit gefunden sie zur Bank zu bringen oder per online Banking zu überweisen.
Glauben Sie mir, mit einem Verrechnungsscheck für die Steuerrückerstattung wäre dies nicht passiert.

Der Kundenberater eines Zeitungsverlages fragt nach, ob Sie sich die Informationsunterlagen bezüglich eines Probe-Abos angeschaut haben. Sie bedauern dafür noch keine ruhige Minute gehabt zu haben. Ein handgeschriebener Brief Ihrer achtzigjährigen Mutter hingegen würde wohl kaum ungeöffnet liegen bleiben.

Ein Kurierdienstfahrer hat nach einer Radarkontrolle nur seinen straffen Terminplan als Entschuldigung vorzuweisen. Ein privater Tortentransport zum Kindergartenfest seiner Tochter am Sonntag würde sicherlich entspannter ausfallen.

Wir sind der Meinung:	Richtig ist aber:
Es gibt Dinge	Es gibt Dinge
für die hat man Zeit	für die nimmt man sich Zeit
und es gibt Dinge	und es gibt Dinge
für die hat man keine.	für die nimmt man sich keine.

Wenn Ihnen also wieder einmal jemand die Frage stellt: *„Hast du Zeit"?* Sollte unsere Antwort lauten, *„Ja sicher, so lange mein Puls schlägt habe ich Zeit".*
Worin genau wir dieses wertvolle Gut bereit sind zu investieren bestimmen wir allein!

- Es liegt in meiner Entscheidungsfreiheit zu sagen ob ich einem Freund beim Umzug helfe oder nicht!
- Nehme ich eine Einladung wahr? Es liegt an mir selbst!
- Nur weil es die anderen auch machen muß ich es nicht auch tun!
- Wenn mein Gesprächspartner am Telefon wieder mal ‚kein Ende findet' nehmen Sie sich die Freiheit und beenden höflich das Gespräch!

Leider fehlt uns zu oft Rückgrat und Stärke zu unserem Zeitinvestment zu stehen. Vergessen sollte man nie, dass wir **der Kapitän unseres eigenen Lebens** sind.

Mein persönlicher Tip:

**Scheuen Sie nie die Worte „Jetzt nicht"
wenn`s gerade nicht passt!**

ZEITGEMÄß

Zeitgemäß, was bedeutet das eigentlich? Nun, ich möchte sagen, es ist unser gesamtes Leben und alles was damit zu tun hat in einzelne Abschnitte untergliedert.

Der Schwerpunkt liegt dabei in der Gegenwart. Das was momentan aktuell - up do date - ist, bezeichnen wir als zeitgemäß.
Prinzipiell sprechen wir dabei von Mode oder dem, was im Trend liegt. Das kann sämtliche Bereiche um uns herum betreffen. Kleidung, Autos, Möbel, Einrichtung, Technik, Sprachgebrauch, Frisuren und vieles mehr.

Großen Einfluss dabei hat die Industrie und vor allem die Werbung. Der Mensch ist bequem und lässt sich zu gern vorgeben und zeitgleich vorleben, wie er sein Umfeld zu gestalten hat.
Wer einen ausgeprägten Charakter besitzt und Individualist ist, schafft es, sich von der Masse abzuheben und nicht im Strom mitzuschwimmen.

Auch der finanzielle Aspekt spielt wohl eine sehr große Rolle. Unsere Wirtschaft funktioniert nur dann, wenn Geld verdient wird. Dieses macht auch den Zeitraum für einen Modetrend aus. Da kann von kurz über mittel- bis langfristig alles dabei sein. Wir, die Konsumenten, bestimmen, wie lange sich das Mini oder Maxikleid, pastell oder grelle Farben, gestreift oder gepunktet, Tier oder Pflanzenmuster sich am Markt behaupten. Doch so sehr sich die Designer auch anstrengen mögen, es gibt bei allem eine Gemeinsamkeit: Irgendwann sehen wir Dinge wieder, die es genauso oder in ähnlicher Form schon einmal gab. Die uns zur Verfügung stehenden Muster und Farben, Materialien und Zutaten der Natur oder künstlich Erschaffenes sind zwar unterschiedlich kombinierbar, jedoch nicht unerschöpflich.

Es gibt im Leben vieles, was wir schon in ähnlicher Form zu einem früheren Zeitpunkt als Zeitgemäß bezeichnet haben.

Großgeschrieben bei Zeitgemäß sind auch sogenannte Revivals. Unter dem Motto ‚alles kommt wieder', Retro, Shabby Chic oder sonstigen Begriffen. Liebhaber von Oldtimern, Sammler von Antiquitäten und ähnlichem, lassen Vergangenes wieder aufleben.

Der Besuch von Flohmärkten und Kramläden ist ‚in'. Somit wird eigentlich zugegeben, dass man auch mit den Dingen die ‚Oldschool' sind, doch noch nicht ganz abgeschlossen hat.

Mein persönlicher Tip:

Bestimmen Sie selbst was für Sie Zeitgemäß bedeutet.
Ob Sie noch mit der Schreibmaschine schreiben
oder das Lap Top benutzen.
Ob Sie das Radio noch selbst bedienen
oder es ‚Alexa' befehlen.
Sie allein haben es in der Hand.

Die Entschleunigung

Was damals ganz automatisch geschah, einem der eigene Körper signalisierte und das Gefühl mitteilte, wird heutzutage als etwas ganz Besonderes hervorgehoben.

Früher nannte man es schlicht **ausruhen**. Wenn man müde war legte man eine Pause ein, seine Mahlzeiten gemeinsam mit der Familie einzunehmen war Gang und Gäbe. Der Postbote nahm sich die Zeit für einen kurzen Plausch, dass jemand an einem Abend auf zwei Veranstaltungen musste, war wohl auch eher selten.

Manches etwas langsamer zu machen galt als keine Schande. Im allgemeinen ging es doch alles ,etwas gemütlicher' zu.

Im einundzwanzigsten Jahrhundert gibt es für diese Dinge ein neues Modewort: *E n t s c h l e u n i g u n g*. Es gilt wieder als hip, wenn man ,relaxt', ,chillt' oder ,eine Auszeit' nimmt.

Was einem damals der gesunde Menschenverstand zu verstehen gab, wird heute durch eigene, spezielle Branchen ersetzt. Es ist ein regelrechter Markt entstanden für das, wofür unsere Großeltern mit Sicherheit keine Hilfestellung benötigt hätten.

In sogenannten Wellness-Tempeln ,erlernt' man mittels Klangschalen und Aroma-Ölen wieder ,zu sich' zu finden. Mit Meditation und Yoga-Kursen suchen gestresste Hausfrauen den Ausgleich vom Alltag. Entspannte Zweisamkeit und Übernachtungen in schlicht ausgestatteten Unterkünften wie Iglus und Blockhütten werden als besonderes Event von Erlebnisagenturen verkauft. Der Tempomat im Auto soll uns mit konstant fahrender Geschwindigkeit zu gelassenerem Fahren verhelfen.

Man könnte hier noch eine Fülle von Beispielen aufzählen.

Fragen wir uns doch mal ganz ehrlich: Ist unsere Eigenständigkeit, unser eigenverantwortliches Denken, Tun und Handeln soweit herabgesunken, dass wir uns bei anderen Menschen Hilfe holen müssen, dabei, wie wir unser Dasein verlangsamen oder etwas zur Ruhe kommen können?
Ich möchte diese - nennen wir es einmal ‚Angebote' - nicht verurteilen oder gar kritisieren. Ganz im Gegenteil. Für den ein oder anderen von uns sind diese Methoden sehr hilfreich und vielleicht sogar der Retter vor Aggressionen, Tabletten oder Alkohol.
Jedoch teile ich die Auffassung, dass man - wenn man einmal in sich geht, seiner inneren Stimme folgt und nicht auf jeder Party tanzen muss - eine persönliche Entschleunigung zu großen Teilen selbst bestimmen und auch bewältigen könnte.

Mein persönlicher Tip:

Zu welcher Variante der Verlangsamung Sie sich auch entschließen, ich hoffe es führt zu einem höheren Genuss dessen, was Sie tun!

Endlich fertig

„Endlich fertig!" als Aussage und Feststellung. Oder: „Wann sind Sie denn endlich fertig?" als Fragestellung - nun - ich denke jeder kennt das.

Grob umrissen hat es etwas mit Ungeduld zu tun. Doch dahinter verbirgt sich noch einiges mehr.
Warten zu müssen gestaltet sich leider für einen Großteil unserer Gesellschaft zu einer nahezu unerträglichen Last. Zum einen durchaus berechtigt, andererseits doch manchmal etwas übertrieben. Auf etwas zu warten begleitet uns in vielen Lebenslagen.

Mich in die ‚Warteschlange des Lebens' einzureihen bis *die da vorne* endlich fertig sind bedeutet nun mal nichts anderes, als dass auch viele andere Mitmenschen gerade das gleiche Ziel verfolgen wie ich selbst. Mit dem kleinen Unterschied, dass für den einen zehn Minuten warten viel erscheint, für den anderen nicht.

Über diesen vermeidlichen Irrtum habe ich bereits gesprochen, denn 10 Minuten werden immer 10 Minuten bleiben, für jeden von uns! Wieder einmal zitiere ich ein Sprichwort,

„Gut Ding will Weile haben".

Wer schon mal ein Haus gebaut oder seine Wohnung renoviert hat weiss, dass nicht immer alles glatt läuft und man froh ist wenn *endlich alles fertig* ist.

Urlaubsvorbereitungen treffen, Koffer raus kramen, Reisepass verlängern, Kleiderschrank auf den Kopf stellen, die Post- und Pflanzenfrage lösen, all das gehört dazu bis endlich alles fertig ist.

Wenn denn dann mal endlich alles fertig ist, ist meist das Ziel erreicht. Ziele zu haben ist wichtig im Leben doch der Focus sollte sich nicht ausschließlich auf das Ende einer Sache beschränken. Denn wenn erst die Ziellinie überschritten ist, ist auch vieles wieder vorbei und so manches verliert dann seinen Reiz.

Der Weg ist das Ziel;
konzentrieren wir uns doch auf *den Weg dahin.* Haben Sie Spaß an Vorbereitungen! Suchen Sie den Nutzen in handwerklichen Vorarbeiten! Genießen Sie das Recherchieren und Aussuchen als Vorfreude!
Zuletzt möchte ich zwei Beispiele schildern, in denen meine Theorie wunderbar funktioniert.
Stellen Sie sich vor Sie machen Urlaub am Strand und beobachten wie die Kinder unermüdlich an ihren Sandburgen bauen. Es wird gebuddelt, gewässert, es werden Türmchen geformt und Tunnel gegraben. Die Freude die unsere kleinen Architekten dabei haben liegt in der Beschäftigungszeit. Ist die Burg dann ‚endlich fertig‘, ist man zwar stolz, doch kurz darauf sind in der Regel wieder ganz andere Dinge aktuell.

Der Hochzeitstag gehört zu den schönsten Tagen im Leben. Dutzende Anproben von Anzug und Kleid lassen uns nicht müde werden. Die Auswahl von Lokal, Torte oder Blumenschmuck bringt uns Stück für Stück dem großen Tag näher. Und wenn dann ‚endlich alles fertig‘ ist, ist auch das schönste Fest ganz rasch vorbei.

Mein persönlicher Tip:

Schenken Sie jeder Phase Ihres Tuns die nötige Aufmerksamkeit, denn irgendwann ist nicht nur ‚endlich alles fertig‘ sondern irgendwann ist auch alles vorbei.

Das Erfolgsrezept...
ist unsere Einstellung

Wir haben inzwischen gelernt, dass wir *nicht* und wenn, dann nur *unwesentlich* in der Lage sind, die *tatsächliche* Dauer einer Sache zu beeinflussen.

Womit wir uns in diesem Kapitel beschäftigen wollen ist die *geistige Haltung*, unsere Einstellung zur *tatsächlichen* Dauer. Ich vertrete die Ansicht, dass wir in der Lage sind, unsere Einstellung so zu trainieren, dass die virtuell benötigte Zeit in unserem Kopf möglichst nah an die *tatsächlich* benötigte Zeit für eine Sache herankommt.

Vielleicht klingt dies im ersten Augenblick etwas verwirrend - ist es aber nicht. Uns bleibt eine Fülle von Möglichkeiten, wie wir täglich in immer wiederkehrenden Situationen unsere innere Uhr mit kleinen Tricks überlisten können. Mit ein wenig Übung können wir langwierige Dinge im Fluge vergehen lassen und kurze Augenblicke erscheinen uns wie nicht enden wollende Erlebnisse.

Testen Sie es aus!

Wir befinden uns im Straßenverkehr und die Ampel steht wieder einmal auf Rot. Unsere üblichen Gedanken dazu: „Die wird ja wohl überhaupt nicht mehr grün, wie lange dauert das denn noch"?
Machen Sie einmal folgendes Experiment: Nehmen Sie sich eine leckere Banane mit ins Auto und versuchen Sie, diese während der Zeit der Rotphase zu schälen und komplett aufzuessen. Sie werden feststellen, es wird schneller grün als Sie gedacht haben.

Der Knopf eines Fahrstuhls ist gedrückt. Sie warten und denken schon nach wenigen Sekunden: „Da wär' ich ja schneller gelaufen". Bitte, tun Sie es! Laufen Sie ruhig einmal.

Auch rate ich dazu, die Treppe ein weiteres mal, ein zweites und vielleicht noch ein drittes mal zu benutzen. Denn dann werden Sie erkennen, dass ein Warten auf einen Aufzug gar nicht so lange dauert.

Der Ort ist beliebig. Sie sind im Park, im Kaufhaus oder im Café. Plötzlich ein tief bis ins Mark dringender Schrei eines Kleinkindes. Ihr Innerstes sagt Ihnen, da muss sich doch endlich mal jemand drum kümmern. Schon nach ein paar Augenblicken haben Sie das Gefühl, das Kind schreit schon seit Stunden.

Sollten Sie es schaffen, sich die Mahlzeiten der vergangenen fünf Tage in Ihr Gedächtnis zu rufen, ohne dass das Kind zwischenzeitlich beruhigt wurde, handelt es sich schon um einen besonders hartnäckigen Fall.

Die Fahrt mit der Achterbahn gibt Ihnen einen solchen Adrenalinkick, bereitet Ihnen so einen mächtigen Spaß, dass Sie die neunzig Sekunden beim ersten Mal einfach für viel zu kurz empfinden. Kaufen Sie sich einfach noch weitere Chips für drei Fahrten.

Nachdem Sie nun hierfür mindestens auch drei mal zehn Minuten in der Warteschlange verbracht haben, kommt garantiert der Punkt an dem die Neunzigsekundenfahrt mit der Achterbahn, die Ihnen beim ersten Mal so unendlich kurz erschien auch für Sie dann lang genug sein wird.

Die schönen, angenehmen Dinge, die besonderen Erlebnisse gehen viel zu schnell vorüber. Das, was uns weniger Spaß macht und was uns lästig ist, das scheint ewig anzudauern. So ist zumindest unser Empfinden. Es gibt da eine Strategie, die ich selbst auch schon angewandt habe. Alles was uns am meisten nervt aber irgendwie doch erledigt werden muss, sollte an erster Stelle stehen. Das erfordert zwar eine gehörige Portion Selbstdisziplin und sicher auch das ein oder andere mal ‚Zähne zusammenbeißen' aber es lohnt sich. Wie ein altes Sprichwort sagt: ‚Das Gute kommt zum Schluss'. Der Weg dahin ist nicht leicht aber wenn erst einmal der ‚Ballast' abgeworfen ist und die ‚Sahnestückchen' übrig bleiben, kommt der Genuss doppelt zur Geltung.

Dulden Sie keinen Aufschub von Unannehmlichkeiten. Denn sie sind die kleinen Bösewichte die sich vermehren wie die Pilze.

Mein persönlicher Tip:

Vieles ist einfach nur Kopfsache.
Innehalten und Einstellung überprüfen!

Zeit ist geld

Zeit ist Geld? stimmt das so? Sicherlich nicht. Zeit ist Zeit und Geld ist Geld! Zwei grundsätzlich verschiedene Dinge die zwar oft irgendwie miteinander in Zusammenhang gebracht werden, doch beides gleich zu setzen liegt mir fern.
Denn wer Zeit (hat), ist noch lange nicht im Besitz von Geld. Und wer Geld besitzt, hat noch lange keine Zeit. Meist ist genau das Gegenteil der Fall.

Aber ich denke, wir alle wissen, was mit dieser Redewendung gemeint ist.
Es soll heißen, dass eine Leistung - ganz gleich ob sie von uns erbracht oder auch beansprucht wird - je nach Aufwand in irgendeiner Form eine Vergütung erhält.
Letztendlich ist es aber nur die Leistung und nicht die Zeit für die man zahlt oder bezahlt wird.

Für die Dinge, die man sich anschafft oder die man erleben möchte, ist man auch bereit einen gewissen Preis zu zahlen. Andernfalls würde unsere Wirtschaft auch nicht funktionieren. Die Zeit mit der das erlebte Ereignis oder das angeschaffte Gut in Zusammenhang steht, ist dabei immer relativ. Für die Vergütung steckt sie dabei nur einen groben Rahmen ab, mehr nicht. Wie viel etwas dann in barer Münze ausmacht ist von diversen Faktoren abhängig.

Oftmals herrscht die Meinung, dass es in Punkto Preis-Leistungs-Verhältnis nicht so ganz gerecht zugeht. „Es stehe einfach nicht in Relation" ist der Satz den man häufig zu hören bekommt wenn einem etwas überteuert vorkommt. Wir sehen die Kosten meist nur im direkten Zusammenhang mit der Ware oder der Leistung.

Mehr müssen, wollen und brauchen wir im Grunde auch nicht wissen.

Selbstverständlich stecken in jedem Preis Nebenkosten wie Gebäudemieten, Produktentwicklung, Investitionen, Verwaltungsaufwand, Fracht, Werbung und vieles mehr. All dies steht halt irgendwie mit dem Faktor Zeit in Verbindung und beeinflußt den Preis.

Doch man selbst ist der Entscheider, Dinge zu tun oder zu lassen, das Kleine oder das Große zu kaufen, die eine oder die andere Firma zu wählen.

Wir alle stehen immer wieder mal wechselweise auf Seiten der Anbieter oder Verbraucher. Die Zeit im Hinterkopf stellen wir uns die Frage, was ist uns was wert? Etwas lieber selber machen zu wollen in Bereichen wo wir Laien sind und dabei um ein vielfaches an Zeit mehr benötigen als ein Profi ist oft der falsche Weg. Rein finanziell geht diese Rechnung in der Regel nicht auf. Denn in dem Bereich, wo Sie der Fachmann sind und Ihr Geld mit verdienen, wäre diese Zeit wesentlich besser investiert.

Vielleicht habe ich etwas zu deutlich erkennen lassen, dass ich von dem Ausspruch ‚Zeit ist Geld' nicht so sehr viel halte. Aber dies ist nur meine persönliche Ansicht. Ich respektiere genauso wenn Sie da anderer Meinung sind!

Mein persönlicher Tip:

Man kann in einer bestimmten Zeit sicherlich Geld verdienen, genau so gut welches ausgeben, oder auch ganz einfach 1000 andere Dinge tun!

GENUSSMOMENTE

Geniessen zählt zu den schönsten Dingen der Welt.

Dabei kommt es in erster Linie darauf an, dass man das, was man tut, möglichst intensiv wahrnimmt.
Alles aufzusaugen, Kleinigkeiten, Farben, Stille, Lautstärke, Adrenalin, Entspannung.
Das Empfinden von Genuss stellt sich für jeden anders dar und ist so individuell wie ein Fingerabdruck.
Es gibt Signale, die ankündigen, dass wir uns auf Genussmomente einstimmen können.
Wie zum Beispiel der Kauf einer Konzertkarte. Oder wir werden spontan überrascht und geniessen von der einen auf die andere Sekunde.
Wie zum Beispiel ein überraschender Besuch eines guten Freundes.

Genuss bedeutet hauptsächlich Freude und gibt uns positive Energie.

Die Zeit dieser Momente kann von unterschiedlich langer Dauer sein. Für manche von uns sind sie leider nur sehr kurz.
Ablenkung, Langeweile oder der ständige Drang noch etwas Aufregenderes zu finden sind hier negative Störfaktoren.

Ganz anders dagegen verhalten sich die sogenannten Genussmenschen. Sie kosten jede Sekunde aus: Bis der Teller leer ist! Bis der Abpfiff ertönt! Bis die Sonne vollständig am Horizont verschwunden ist! Diese Zeit vollkommen auszuschöpfen ist nicht ganz einfach - aber erlernbar! Wir sollten uns viel öfter trauen die angenehmen Momente den unangenehmen vorzuziehen. Es werden sich immer Dinge finden lassen, die wir noch erledigen müssen. Ich möchte Sie keinesfalls zur Unordnung, Nachlässigkeit oder zum Lebensträumer umerziehen. Aber vielleicht schaffe ich es mit meinen Denkanstößen, dass Sie am Abend vor dem Einschlafen einmal das notwendige ‚Pflichtprogramm' dem Das-hat-mir-so-richtig-gut-getan gegenüberstellen.

Versuchen wir den Genuss zu erweitern oder zu verlängern, erhöht dies enorm unsere **Lebensqualität.**

Unser kostbarstes Gut - die Zeit - bietet die Grundlage zum Genuss. Wir sollten uns klar darüber werden, uns für Dieses oder Jenes auch Zeit nehmen zu *wollen*.

Früher oder später treten unwillkürlich Veränderungen in unser Leben die uns möglicherweise in gewissen Aktivitäten einschränken. Schlimmstenfalls ist es uns gar nicht mehr möglich, diese auszuüben. Mut, körperliche Fitness, finanzielle Sicherheit, Abenteuerlust. Mit zunehmendem Alter werden wir vorsichtiger und auch ängstlicher. Darum ist es umso wichtiger im *Hier und Jetzt* zu leben, genussvoll zu leben!

Mein persönlicher Tip:

Machen Sie möglichst viele Augenblicke zu Genussmomenten!

DER SELBSTBETRUG

Der Titel dieses Kapitels mag vielleicht ein wenig hart klingen. Doch sind wir ehrlich, fühlen wir uns im Alltag nicht manchmal alle etwas überfordert? Falscher Stolz, Anstand, Angst, Mitleid. Die Motive sind unterschiedlicher Natur. Zu oft muten wir uns mehr zu als wir in der Lage sind zu bewältigen.

Absolut nichtssagende Sätze wie "Das ist eben nun mal so" oder „Das kann ich sowieso nicht ändern" bestätigen uns innerlich, dass wohl alles seine Richtigkeit hat. Vielleicht um uns selbst etwas vorzumachen, uns zu beruhigen oder aber auch zu betrügen.

Das ‚Delikt' des Selbstbetrugs wird meist dann vollzogen, wenn kurz zuvor ein Wochenende, ein Urlaub oder der Silvesterabend vorausging. Die Redewendungen ähneln sich wie ein Ei dem anderen und sind uns bestens bekannt.

> *Ab Morgen werde ich erst mal...*
> *Es wäre wieder an der Zeit für ein...*
> *Du wirst sehen, das gibt bestimmt ein tolles...*

Was fällt uns dabei auf? Es sind alles gute Vorsätze. Vor-Sätze! Eine Einleitung auf etwas, das bald, morgen, in der Zukunft, erfolgen soll. Die Betonung liegt auf **soll**!

Doch was passiert *nach* dem Wochenende, *nach* dem Urlaub, *nach* dem Silvesterabend tatsächlich?
Die Antwort auf diese Frage können Sie sich leicht selbst beantworten. Sie beinhaltet meist einen der beiden folgenden Sätze:
„Ich hatte keine Zeit" oder „Ich bin einfach nicht dazu gekommen". Und schon ist er wieder gegenwärtig: **Der Selbstbetrug**.

Entscheidend ist: Alles, aber auch alles verlagern wir in die Zukunft. Und genau da liegt unsere Schwäche. Jetzt, genau jetzt, sofort und in der Gegenwart liegt der Grundstein, der wichtigste Teil des Gelingens. Jede Aktivität kann man zu einem - wenn auch noch so kleinen Teil - *s o f o r t* beginnen. Wir stellen ja auch heute den Wecker wenn es unser Ziel ist, morgen aufzustehen.

Wenn wir also die Winterreifen wechseln wollen, holen wir heute den Wagenheber aus dem Kofferraum und legen ihn am besten mitten in die Garage.

Falls Ihr Kleiderschrank mal wieder ausgemistet werden soll, räumen Sie sofort mindestens drei Fachböden aus und verteilen Sie die Kleider auf Ihrem Bett dessen Platz Sie ja zum Schlafen benötigen.

Für das Versprechen, am Wochenende mit den Kindern eine Radtour zu unternehmen, können Sie die Routenplanung und den Proviant-Einkauf gleich heute erledigen.

Das Sprichwort „Die Ursache im Keim ersticken" hat ein leichtes Spiel wenn wir erst gar keinen Samen aussähen.

Aber:

Bei sämtlichen Vorhaben lässt sich immer ein „Keim" schaffen den es nicht zu ersticken gilt, sondern der dabei hilft zum Gelingen beizutragen.

Mein persönlicher Tip:

Sie wissen ja, die nötige Zeit ist vorhanden und jeder von uns erhält peinlich genau die gleiche Ration - 24 Stunden täglich. Nutzen Sie Ihre 24 Stunden für genau das, wofür Sie sie auch wirklich nutzen möchten!

DIE ZEITREISE

‚Zurück in die Zukunft' war ein Film-Klassiker der achtziger Jahre.
Mit einer Zeitmaschine reiste Michael J. Fox durch die Vergangenheit und in die Zukunft.
Bis solch eine Maschine tatsächlich entwickelt ist, wird es wohl doch noch etwas dauern.

Eine Zeitreise zu machen ist dennoch nicht ganz unmöglich.
Historische Mittelaltermärkte laden uns beispielsweise dazu ein.
Neben originalgetreuen Gewändern kann man bestaunen wie der Hufschmied oder die Töpfersfrau ihre Arbeit verrichten. Schwertkämpfe, selbstgebackenes Brot, Sprache und die Währung in Talern lassen uns in vergangene Jahrhunderte zurückschweifen.

Wer nicht nur den Badeurlaub auf Mallorca bucht, sondern auch schon mal zehn oder mehr Flugstunden in Kauf nimmt, gewinnt ebenfalls den Einruck in einer Zeitmaschine zu sitzen. In diversen Ländern dieser Welt kann man sich davon überzeugen, mit wie wenig man so viel bewegen kann. Hier zählt noch der Einfallsreichtum. Einfache Ideen um Probleme zu lösen, Not macht erfinderisch, Genialität auf einer ganz anderen Ebene.

Wenn Sie nun die Möglichkeit hätten, würden Sie lieber eine Reise in die Zukunft oder in die Vergangenheit antreten?
Ganz ehrlich, so interessant wie vielleicht beide Reisen auch sein mögen, ich persönlich bevorzuge die Gegenwart. Das Hier und Jetzt.

Der unaufhaltsame technische Fortschritt, Veränderungen in unserer Kultur, Wandel der Ernährungsgewohnheiten, Modetrends und und und... Zu erleben, wie sich nicht die Zeiten ändern, sondern wie *w i r* uns mit der Zeit verändern, bereitet mir manchmal

Kopfzerbrechen und auch ein wenig Sorge. Ich möchte nicht konservativ oder spießig klingen aber ich glaube, wenn wir 70, 80 oder 90 Lebensjahre erreicht haben, ist es tatsächlich an der Zeit, Abschied zu nehmen.

Alles was über diese - unsere ganz persönliche Zeitreise - hinaus ginge, wäre nur sehr schwer zu begreifen, zu verarbeiten und zu leben.

Mein persönlicher Tip:

**Also genießen Sie Ihre Zeitreise in Ihre Jugend
und auch in Ihr Alter.
Reisen Sie mit Kraft, Freude und mit Würde!**

Die Zeit läuft weg

Die Zeit läuft weg - bildlich gesehen eine recht amüsante Vorstellung. Wer aber schon einmal auch nur eine Minute lang den Sekundenzeiger einer Uhr beobachtet hat, stellt erschreckend fest, dass an diesem Ausspruch etwas wahres dran ist.

Selbstverständlich kann die Zeit nicht wirklich ‚weglaufen'. Dennoch durchleben wir nicht selten Situationen wo wir kaum fassen können wie schnell die Zeit vergeht.

Sind wir dabei an ein festes Zeitlimit gebunden, fühlen wir uns einem gewissen Druck ausgesetzt. Dieser wird zusätzlich oft noch durch äußere Einflüsse verstärkt.

In Prüfungssituationen beispielsweise, ob Führerschein, Abitur oder Gesellenprüfung. Der Abgabetermin naht. Sie bekommen mit, wie viele Ihrer Mitstreiter schon den Prüfungssaal verlassen haben und Sie grübeln immer noch nach den richtigen Lösungen.

Der Broker an der Börse: Es entscheiden Sekunden, ob er mit dem An- oder Verkauf der Aktie den richtigen ‚Riecher' bewiesen hat.

Der Straßenbauer, der soeben das Schild ‚Fertigstellung Ende 2020' aufgestellt hat und weiß, dass der neue Autobahnabschnitt bis dahin fertiggestellt sein muss.

Ob bei einer Versteigerung, dem nahenden Ladenschluss, einer Akkordtätigkeit, einem tollen Wochenende, es erwischt uns alle irgendwann: dieses Gefühl - ‚die Zeit läuft uns davon'.

Es gibt keine Regel und kein Maß dafür, wann wir so empfinden. Intelligenz, Talent oder Routine für gewisse Dinge bewirken bei jedem einzelnen von uns ein unterschiedliches Zeitgefühl. Wo der eine schon ‚in's Schwitzen kommt' hat der andere vermutlich noch ‚die Ruhe weg'.

Leider habe auch ich keine Patentlösung parat wie man dem Problem der Zeitnot entfliehen kann. Jedoch bin ich der Meinung, dass man vielleicht vieles zu wichtig nimmt und dass man besser fährt wenn man öfter mal etwas mehr Ruhe und Gelassenheit in den Tag einfließen läßt.

Mein persönlicher Tip:

Wenn Ihnen wieder mal die Zeit wegläuft - akzeptieren Sie es!
Was Sie auch tun, Sie können sie nicht einholen!

Momente der Ewigkeit

Hier kommt das Gegenstück zu Kapitel 28 ,**Die Zeit läuft weg**'.

Momente der Ewigkeit, empfinden wir in der Regel als unangenehm, wenn sie uns ähnlich zäh wie ein altes Stück Fleisch erscheinen. Dafür gibt es eine einfache Erklärung. Das, was wir tun, tun wir in dem Moment ohne unsere persönliche Hingabe. Eine Art Pflichtprogramm das wir zu erfüllen haben.

Der Schwerpunkt dabei liegt größtenteils im Warten auf etwas, das uns nicht sonderlich viel Freude bereitet. Ob im Wartezimmer der Arztpraxis, der Anmeldestelle im Bürgeramt für Kraftfahrzeuge und Personalausweise, der Schlange an der Freibadkasse im Sommer bei 31 Grad.

Auch Dinge die uns langweilen geben uns das Gefühl die Uhrzeiger bewegen sich in Zeitlupe.

Äußere Umstände oder ein Pflichtprogramm erfordern manchmal die Teilnahme an einem Vortrag, dessen Thema unser Interesse in keinster Weise wecken kann. Die Sonntagspredigt in der Kirche ist für Jung und Alt zum Gähnen langweilig.

Wie gehen wir damit am besten um?
Die starken Persönlichkeiten sagen sich: Augen zu und durch, alles geht vorüber. Doch reagiert vielleicht nicht jeder so charakterstark und diplomatisch. Es liegt nun mal in der Natur des Menschen, dass man in bestimmten Situationen genervt ist oder schlimmstenfalls sogar ausrastet. Aber wie alles ist es eine Sache der persönlichen Sichtweise.

Wie wichtig ist uns das, worum es in den Momenten geht, die uns wie eine Ewigkeit zu dauern scheinen.

Auch brauchen wir solche Momente der Ewigkeit nicht „tot zu schlagen" wie es umgangssprachlich heißt. Wir können nach einem brauchbaren Nutzen suchen, der uns dabei behilflich ist, anderweitig fehlende Zeit zu ersetzen. Sicherlich kann man in irgendwelchen Zeitschriften blättern oder sich mit Spielen auf dem Handy ablenken. Mehr Sinn sehe ich jedoch darin, sich Gedanken zu machen, was auf die nächste Einkaufsliste soll, welche Weihnachtsgeschenke unsere Liebsten erfreuen könnten oder was wir dafür tun können um am Abend zufrieden einzuschlafen.
Zukunftspläne schmieden, sich mal wieder mit jemandem zu unterhalten, leichte Gymnastikübungen... es gibt vieles was wir in solchen Momenten der Ewigkeit erledigen können.

Mein persönlicher Tip:

**Wenn Sie mal wieder Momente der Ewigkeit erleben,
denken Sie an dieses Kapitel!**

FREIZEIT

Nach all den verschiedenen Interpretationen über die Zeit möchte ich nun im letzten Kapitel meines Schriftwerks über eine der wohl angenehmsten Zeiten ein paar Worte schreiben, der Freizeit.
Die Zeit in der wir uns frei fühlen, frei von Zwängen, Pflichten, Vorschriften und Verantwortung. Ganz gleich ob Pausen, Feierabend, Wochenende oder Urlaub. Keine Regeln und kein Muss! Wir sind Herr der Dinge die wir tun oder lassen. Wir widmen uns dem Partner und der Familie, gehen Hobbys nach, schlafen aus oder gönnen uns ein ausgiebiges Frühstück.

Diese Zeit ist enorm wichtig, denn sie dient der Erholung und zum Auftanken neuer Energie für Körper Geist und Seele. Jedoch fällt es nicht allen Menschen leicht diese Zeit wirklich so zu nutzen wie es für sie gut wäre. Ist man geistig nicht in der Lage einmal abzuschalten bleibt der Genuss meist auf der Strecke. Wer sich am Sonntag schon gedanklich mit der folgenden Arbeitswoche beschäftigt, nicht einmal die Bügelwäsche stehen lassen kann, läßt nur unschwer erkennen, dass es ihm an einer Idee für gesunde Freizeitgestaltung mangelt.

Man muss nicht unbedingt als Workaholic gelten. Auch der Durchschnittsbürger lastet sich oft viel zu viel auf. Selbst wenn alles erledigt ist was wir uns vorgenommen haben glauben wir, da wäre immer noch mehr was es zu tun gäbe. Das mag wohl auch so sein, doch an dieser Stelle vergleiche ich dies mit einem Ehering - eine endlose Geschichte.

Entwickeln Sie ein Gespür dafür, was Ihnen gut tut. Wenn Sie noch etwas arbeiten möchten, tun Sie es! Wenn Sie lieber wandern gehen, tun Sie es!

Die Dosis der Freizeit sollte jeder für sich selbst herausfinden. Und für die grenzenlosen Gestaltungsmöglichkeiten empfehle ich Toleranz. Nicht akzeptieren können, dass jeder Mensch anders empfindet und sein Leben so gestaltet wie er es für richtig erachtet, halte ich für ungut. Ob das männliche Geschlecht samstags an der Waschbox zwei Stunden lang sein Auto auf Hochglanz bringt oder man nach der hauptberuflichen Arbeit noch einem Nebenjob nachgeht, bleibt jedem selbst überlassen. Freizeit definiert eben jeder anders.

Auch meine Ausführungen und Ansichten über die Zeit werden möglicherweise nicht immer Ihren Zuspruch finden. Müssen sie auch nicht. Dennoch hoffe ich, dass einige meiner Gedankenanstöße etwas Positives bewirken können.

Vielen Dank, dass Sie in Ihrer Freizeit mein Buch gelesen haben.

Mein persönlicher Tip:

Teilen Sie Ihre Freizeit mit Menschen die für Sie wichtig sind und ihnen etwas bedeuten. Das macht sie doppelt so wertvoll!

Bonus / Ersatzkapitel

So liebe Leser, der offizielle Teil meines Buches endete mit dem vorherigen, dem 30. Kapitel. Dann hatte ich noch - wie ich finde - eine ganz witzige Idee.

Für all die, denen meine Geschichten über die Zeit gefallen haben, gibt es als kleines Bon Bon noch dieses Kapitel als Zugabe.

Ebenso soll es als Ersatz dafür dienen, falls Ihnen mal etwas nicht so gut gefallen hat.

Ich wünsche nun zum letzten mal viel Vergnügen beim Lesen!

Die Zeit der Vorfreude

Wenn ein freudiges Ereignis ansteht, ganz gleich ob spektakulär oder eher etwas Kleines, gibt einem eine Zeit unheimlich viel: die Zeit der Vorfreude.

Das Christkind kommt, die Einschulung steht auf dem Plan, man wagt den Schritt in die Selbständigkeit, das erste Date, selbst eine Entlassung aus dem Gefängnis zählt dazu.

Man hat das Gefühl in der Zeit ‚davor‘ gibt es keine anderen Gedankengänge mehr. Man bekommt eine enorm positive Ausstrahlung an der man gerne Freunde, Kollegen oder Familienangehörige teilhaben lässt.

Je nach Ereignis gibt es eine Reihe einzelner Phasen in denen sich die Vorfreude meist zunehmend steigert. Aufregung, Nervosität, Spannung, Ausgeglichenheit, gute Laune. Die Emotionen sind von unterschiedlicher Natur. Wichtig ist, dass wir diese Vorfreude gänzlich auskosten und als Bereicherung unserer Lebensqualität anerkennen.

Die Zeit der Vorfreude bringt uns viel mehr als wir denken. Sie verdient es im Vordergrund zu stehen und nicht - wie leider zu oft - nur nebenbei mitzulaufen.

Die kleinen Dinge des täglichen Lebens, der Feierabend, die Familie, den Partner wiedersehen, der Duft eines Kuchens im Ofen, eine heiße Dusche... Es gibt viele persönliche Highlights die als *selbstverständlich* gelten - **es aber nicht immer sind!** Darüber einmal nachzudenken lohnt sich durchaus. Denn dann würde man vielleicht öfter mal etwas weniger von verlorener Zeit sondern von gewonnener Zeit sprechen. Gewonnene Zeit durch die Vorfreuden auf das was uns gut tut.

Mein persönlicher Tip:

**Geniessen Sie das Leben, es kann nur so schön sein
wie Sie es sich machen!**

SCHLUSSWORT

Am Ende möchte ich mich bei all meinen Lesern bedanken, für die Zeit die Sie...

...um mir und meinen Gedanken zu folgen.

Anhand der vielen Beispiele, in denen Sie sich sicherlich das ein oder andere mal wiedergefunden haben, glaube ich, dass gewisse Veränderungen - und seien sie noch so gering - uns gut tun.

Ich hoffe, mein Schriftwerk hat Ihnen gefallen und konnte aufzeigen, wie umfangreich und vielseitig und doch so klar und schlicht der Begriff der Zeit ist.

Nun ist es an der Zeit mich zu verabschieden.

Herzlichst Ihr Ludger Schell

„Monde und Jahre vergehen, aber ein schöner Moment
leuchtet das Leben hindurch".
Franz Grillparzer

„Die Zeit heilt nicht alles, aber sie rückt vielleicht das Unheilbare
aus dem Mittelpunkt".
Ludwig Marcuse

„Die Zeit bleibt lange genug für jeden, der sie benutzen wird".
Leonardo da Vinci

„Die Kunst des Lebens besteht darin,
dem Alltag immer wieder Sonntage abzugewinnen".
Ernst Ferstl

„Wer nicht jeden Tag etwas Zeit für seine Gesundheit aufbringt,
muss eines Tages sehr viel Zeit für die Krankheit opfern".
Sebastian Kneipp

„Zeit ist ein Spiel, das von Kindern wunderbar gespielt wird".
Heraclitus

„Nichts ist mächtiger als eine Idee, deren Zeit gekommen ist".
Victor Hugo

NOTIZEN

NOTIZEN